JN419019

시,
소리하다

문학공원 시선 106

시,
소리하다

김종웅 시집

문학공원

서시

터진다 꽃눈처럼
하루의 아침이
한 달이듯
일 년이듯
결코 망설임 없이
이 매번의 아침에
나는
눈을 씻는다 어둠을 씻는다
밝아온다
밝아서 온다
세지 마라
하루인들 한 달인들 일 년인들
내가 안아가야 할 것은
오로지 낯선 풍경 뿐

2016년 초여름

김 종 웅 배상

서문

세상을 환하게 하는 작은 꽃밭

공 광 규(시인)

김종웅 시인께서 지난 시집 『시, 요리하다』를 낸지 얼마 되지 않아서 『시, 소리하다』를 낸다니 반가운 일입니다. 생업을 열심히 하면서 어느새 시집을 또 낸다니 부지런함에 놀랄 뿐입니다.

돌아보면 옛날부터 생업을 게을리 하면서 좋은 시를 쓰는 시인은 없었습니다. 정치를 하든 장사를 하든 큰 사업가가 되든 학문을 하든 시를 열심히 썼습니다. 시는 나름대로 치열한 현실 생활감정의 반영이기 때문일 것입니다.

그리고 오래 전 가장 바쁜 사람이 가장 많은 책을 읽는다는 글을 읽은 적이 있습니다. 돌아보면 바쁜 분들이 더 많은 책을 읽을 뿐만 아니라 더 많은 책을 내는 경우가 허다합니다.

아무튼 옛날부터 선비는 책이 한 권은 있어야 한다고 하였는데, 이는 한 분야를 오래 집중하여 읽고 생각하고 써서 나름의 세계를 구축하고 있어야 한다는 말입니다.

김종웅 시인이 연달아 내는 시집이 두 권이나 되니 시인 스스로 자기를 세우려는 노력이 얼마나 진지하고 부지런했는지 짐작이 갑니다.

이번 시집은 지난 시집과 짝을 이룹니다. 시집이, 책이 짝을 이룬다는 것은 한동안 시인의 생각과 작업이 일관된다는 것이며, 이 일관된 작업으로 한 세계를 꿰뚫고 있다는 증거입니다.

이번 시집의 표제작인 「시, 소리하다」 를 보면 시에 대한 시인 나름의 창작관을 포괄하고 있습니다. 시인은 시는 물을 따라서 물소리를 따라서 읊는 것이고, 바람을 따라서 바람소리를 따라서 읊는 것이고, 세상을 따라서 세상소리를 따라서 읊는 것이라고 합니다.

또 "몸을 섞어서 사랑하면 / 목청을 높이지 않아도" 읊어서 시가 된다고 합니다. 단순한 반복구조를 가지고 있으면서도 나름대로 시 창작관을 오롯이 담고 있는 표제작입니다.

시집 원고를 읽어가다가, 그래도 제 나름대로 가장 좋아하는 시를 하나 뽑았는데 「빈들의 노래」 입니다. 화자는 "빈들에 서 보면 / 배가 부르다"고 합니다. 바로 이 대목입니다. 빈들에 섰는데 왜 배가 부른가.

여기에는 자세한 설명이 필요 없는 비약이, 시원한 시적 비약이 있기 때문입니다. 화자는 이 빈들에 서면 "언제 적에 희망이 / 모조리 잘려 나가도 / 빈들에 서보면 / 나는 배가 부르다"고 합니다.

그런데 이 빈들은 비어 있는 것이 아니라 다음을 준비하는 끝맺음입니다. 비워야 찬다는 선적이기도 하고 노장적이기도 한 생각의 시적 형상화입니다. 그래서 화자는 아래와 같이 절규합니다.

모든 끝맺음이여
그대로 인해
숨을 고르는 이 순간
햇빛과 바람과 구름과 눈비와
눈을 맞추며
나의 노래는 춤을 춘다
사랑의 진리를
가슴으로 가슴으로 안으며
빈들에 서 보면
모든 게 사랑이라
이 세상에
아까울 건 아무 것도 없어
나는 배가 부르다

이런 멋진 생각과 표현의 시가 시집 속에 있는 것이 반가울 뿐입니다. 한 남자가 높은 언덕에서 빈 들판을 빈 몸으로 내려다보며 호방한 절규를 하는 모습을 상상하게 합니다. 자유롭고 허허로운 시대의 멋진 남자 하나를 상상하게 합니다.

현실 생활을 열심히 하는 시인은 삶의 바닥을 이해합니다. 산전수전 다 겪었을 생활의 구력이 「바닥」이라는 시로 형상되었습니다. 시인의 의도를 대신하는 화자는 "넘어지면 바닥이"라며 "어느 것 하나/ 시작이 바닥 아닌 것 있던가"라고 합니다.

그러면서 바닥에서 일어서는 것을 "시도해보지 않은 긴장을/ 쌓기만 하는 사람아// 바닥에서 뒹굴어/ 바닥을 꼭 붙들어라"고 합니다. "그대가 일어설 수 있는/ 마지막 기회도 바닥에 있"다고 합니다.

바닥은 모든 것의 끝이기도 하지만 시작이기도 합니다. 모든 것들은 바닥에서 일어납니다. 태어납니다. 사람은 방바닥에서, 풀은 땅바닥에서 일어납니다. 이 모든 존재의 근원이 바닥에 있습니다.

그런데 대부분 사람들은 그 바닥이 새로운 것의 시작인 줄 모르고, 근원인 줄 모르고 바닥에 그대로 주저앉아 있습니다. 바닥에서 절망하고 있습니다. 시인이 시를 통해서 말하고 싶은 것은 이런 지점일 것입니다. 모든 것의 바닥에 있는 사람에게 다시 시작하라는.

이 「바닥」 이라는 시에서 보듯 시인은 세상의 근원에 대하여 많이 사유하고 진술합니다. 「흐름에 대하여」 라는 시도 마찬가지입니다. 자연을 통해 인간의 근원, 자신의 근본을 생각하고 있습니다.

시인은 "저 강물이 / 강물이 되기까지 / 나는 저 강물이 흘러온 거리에 대하여 생각한다"고 합니다. 물방울이 모여서 강에 가서 강물의 거대한 흐름과 합류하기까지는 많은 수난을 겪어야 합니다.

어느 것은 그대로 땅으로 스며들어 사라지기도 하고, 돌이나 바위에 부딪혀 다른 길로 흘러갔다가 강물과 만나지 못한 물방울들도 있을 것입니다. 날짐승이나 길짐승이 마셔버려 사라진 물방울들도 있을 것입니다.

그러나 어떻게든 강물에 합류한 물방울들은 수많은 경로를 거쳤을 것입니다. 화자는 이런 "강물이 부딪힌 그 흔적들에 대하여 생각"합니다. 그러면서 "흐른다는 건 / 변화를 요구하는 것"이라고 합니다.

화자는 강의 "깊이를 모를 땐 / 그저 잽싸게 흘러가기만 하면 되는 줄 알았"고 "부딪혀도 아픈 줄도 모르고 / 얄팍한 세상은 그래서 좋았다"고 합니다. 그러나 "나 이제 흘러 / 수심 찬 깊이에 / 빠지지 않는 발을 담그고 있다"고 고백합니다.

온갖 경로를 지나온 강물에게서, 자연에게서 삶의 모습을 배우겠다는 겸허한 자세를 시를 통해 피력하고 있습니다.

이러한 자연의 이치와 현상에서 인간이 지혜를 발휘하여 살아가는 이유는 행복 때문일 것입니다. 행복이야말로 살아가는 이유의 종착지입니다.

시인은 시 「우리 사는 동네」에서 이러한 지점을 정확히 읊어내고 있습니다.

너의 꽃이었음 좋겠다

우리 사는 동산엔
너의 꽃으로
만발하고 또 만발하였음 좋겠다

너의 길이었음 좋겠다

우리 사는 동산엔
수만 갈래의 길
환하게 너의 길로 밝았음 좋겠다

너의 행복이었음 좋겠다

우리 사는 동산엔
하하 웃는 모습
날마다 반짝반짝 빛났음 좋겠다

너의 사랑이었음 좋겠다

우리 사는 동산엔
너와 나를 보듬는
따뜻한 마음으로 가득했음 좋겠다

바로 이것입니다. 네가 나의 꽃이 되어달라고 조르거나 강요하는 것이 아니라 내가 스스로 너의 꽃이 되어주면 좋겠다는 제안을 할 때 세상은 환한 꽃밭으로 필 것입니다.

이런 "너의 꽃이" 될 때 "우리 사는 동산"으로 비유되는 세상에 꽃이 "만발하고 또 만발"할 것입니다. 그런 꽃길이 내 길이 아니고 "너의 길이었음 좋겠다"고 나를 던질 때 세상은 행복한 꽃밭이 되는 것입니다.

나의 행복이 아니라 너의 행복을 빌어줄 때, 세상에 난 "수만 갈래의 길 / 환하게 너의 길로 밝았으면 좋겠다"고 기원을 할 때, 세상에 "하하 웃는 모습 / 날마다 반짝반짝 빛"날 것입니다.

사람들이 김종웅의 시를 많이 읽어서 우리가 사는 세상이 "따뜻한 마음으로 가득했으면 좋겠"습니다. 그래서 많은 분들의 인생이 행복해지기를 바랍니다. 김종웅의 시집은 세상을 환하게 하는 작은 꽃밭입니다.

Ⅰ. 시, 소리하다

Ⅱ. 삶의 바퀴

III. 유혹(誘惑)

Ⅳ. 신세계를 좇다

V. 노가리

I
시, 소리하다

성질머리

얼마나
천박하고 저질스럽고 보잘 것 없는 쇼인가
밥상머리 같이 다정다감하고
잔머리 같이 얄밉지만 귀여운 데가 있는 것도 아니고
왜 하필 성질머리인가
안 낸다 안 낸다 하면서
어쩌다
한 번 부리고 나면 두고두고 후회로
가슴을 뒤틀지만
아, 그대는
영원한 나의 악처 같아서
좀처럼 떼어내지 못할 것만 같으니
이를 어찌 하면 좋은가?
차라리 사랑을 해볼까 해도
어디
조금이라도 예쁜 구석이 있어야 말이지
너를 가는 수밖에
갈고 갈고
숫돌이 다 닳더라도
그렇게 갈아 보는 수밖에

그대가 사랑이다

살다 보면
부딪쳐 상처 나는 일 왜 없겠는가
아프고 아파도
모두가 타인인데
내 맘 같을 사람 그 누구라서 있겠는가
아픈 것을 아물게 하는 것도 사랑이고
게다가
먹칠 당한 마음까지도
오롯이 그대만이
사랑할 수 있을 뿐이다
사랑은 가장
그대 가까이 있는데도
멀리 멀리 손짓하는
어리석은 사냥꾼 같지만
그래도 그대
사랑만 같아라
이 세상 모든 반짝이는 게 사랑이잖은가
사랑을 사랑할 줄 아는
그대가 진정한 사랑이다

빈들의 노래

빈들에 서 보면
배가 부르다
언제 적에 희망이
모조리 잘려 나가도
빈들에 서보면
나는 배가 부르다
모든 끝맺음이여
그대로 인해
숨을 고르는 이 순간
햇빛과 바람과 구름과 눈비와
눈을 맞추며
나의 노래는 춤을 춘다
사랑의 진리를
가슴으로 가슴으로 안으며
빈들에 서 보면
모든 게 사랑이라
이 세상에
아까울 건 아무 것도 없어
나는 배가 부르다

홰치는 닭 한 마리

종로 육가
그 골목길 안
닭 한 마리
양푼 속에 벌러덩 드러누워 묵상 중이다
퍼덕이던 날들을
종알대며
하나하나 들춰내고 있나 보다
우리의 침묵은 길어지고
점점 더
세차게 쫑알댄다
아무래도
어지럽던 세상을 정리하나 보다
하, 수상한 세상을
우리는
멀뚱멀뚱 쳐다만 보고 있는데
저 닭 한 마리
분명 꼬집고 있는 게다
홰를 치며
잠든 세상을 깨우고 싶은 게다
기껏해야 우리는
술잔이나 부딪치며 불평만 늘어놓고 있는데

냉정

갈 데까지
가보지 않은 사람은 모른다
얼마나 초라한 옷인지
햇살 밝은 날 화기애애하다가도
어둠이 다가오면
속절없이 떠나버리는 그림자처럼
입고 있어도 걸친 듯
초라함의 그대
우리 화려한 꽃은 되지 말자
차라리 풀잎은 되자
풀잎이 되어 바람처럼 흔들리다가
서로에게 사랑이 되는
아아, 나약함이여
그대를 구원할 수 있는 건
오로지 열정 뿐
남아 있는 단 한 방울의 눈물까지
보석처럼 영롱하게
그렇게
그렇게 허락하자

숯불

제 자신을
태울 줄 아는 사람은
남에게 가서 뜨거운 생명이 된다

푸르른 생명
초롱초롱 맺히던 이야기
또박 또박 받아 쥐던
조막손의 열기로
결국
제 몸을 태우는
저 장엄한
두 번의 다비를

불을 붙여라
어둠도 태워라
마지막
가는 길까지도
놓지 마라
그대는 생명이다

까닭이 있는 정원

하얀 이야기로 다져진
묵묵한 골짜기
겨울 햇살이 틈틈이 에워싸고 있다
백사실 계곡 등을 타고 내리는
마르지 않는 저 땀줄기로
계절마다 갈아입은
때 절은 옷을 빨아 널어
백사 별채 터에 새겼을
하얀 정신
구름처럼 일어난다
길이다 싶으면 곧장 가고
길이 아니면 바로 돌아서는
정도(正道)를
마음의 무게를 누르지 못하는 사람아
이 곳 백석동천에 와서
저 주춧돌처럼 눌러 박고
배워라
바위도 하얗게 제 몸을 닦고 있는
저 슬기로운 수행을

바닥

넘어지면 바닥이다

어느 것 하나
시작이 바닥 아닌 것 있었던가

시도해보지 않은 긴장을
쌓기만 하는 사람아

바닥에서 뒹굴어
바닥을 꼭 붙들어라

그대가 일어설 수 있는
마지막 기회도 바닥에 있나니

빈 시간으로의 귀향

정말로 이 지구상에
홀로인 듯

한 두레박의 고요를 퍼 올리는
꼭두새벽

어제도 없고
아직
오늘도 없는
이 적요(寂寥)

아무런 생각과
아무런 느낌과
아무런 행동도 없는
오로지 이 시간만이

나마저
둥둥 떠다니는 이
쏠쏠한 행복

고드름

무엇 때문에 성이 났을까
탱탱하게 발기된
여차하면 찔러 댈 것만 같은 저 위용은
눈을 닦고
눈을 닦고 밤을 지새워선지
말갛다
아무리 큰 분노도 녹이고 녹이다 보면
침통하게 노려보다가도
어느 듯
이렇게 말갛게 말갛게
점점 얇아져
이슬처럼 사라져 갈 것을
성이 난 사람아
그대가 찌르고 싶은 것이 무엇인가
고드름처럼
사그라뜨릴 수는 없는가

시인과 삼겹살

네 살을 태우며
나는 취(取)한다
처음엔 구수하게 변해버린
네 향기에
그 다음엔 쫄깃쫄깃해진
네 이야기에
취(醉)해서 술을 마신다
소맥으로 시작해서
네 이야기가 익어 가면
달달한 소주를 시원스레 들이 붓는다
이렇게도 잔인함이
나는 행복으로 취해서
드디어 홍얼홍얼 길게 입술을 내밀고
더 이상 찾을 것도 없을 것 같은
말꼬리를 찾으며
구정물을 먹어 이렇게 토실토실하게 삭혀낸
네 삶을
이 뜨거운 네 삶을
나는 행복이라 꾸역꾸역 우긴다
시를 태우면
시를 태우면 아아. 속절없이 무너져 내릴
내 삶도
이토록 뜨거워질 수도 있을까

언어를 입히다

이제는 따사로운 햇살도
마주잡는
손길이 부드러워지는 때
멀리 있는
네 눈길도 톡톡 틀고 다가오는 때
한가하던 바람도
꽃 대궁을 밀어 올리느라
눈코 뜰 새 없는 때
죽은 듯이 몸을 사리던
각박한 세상도
눈을 풀고
눈을 파는 때
눈을 뜨고
하지 못할 일이란 없는
모두가
하나 되기 딱 좋은 때
사랑이 그대를 일으켜 세우듯이
그대가 사랑 앞에 꽃처럼 흔들리듯이

존재의 덫

외면하지 마라
그 어디든 살아서 숨 쉬고 있기 마련
깊도록 감겨 있는
저 기침도
추워서만 하는 게 아니다
몸서리치도록 고독이 파고들면
스스로 부르는 신호다
뚝방촌의 겨울이란
한심한 바람 같아서
저물어도
저물어도 들여다보는 그림자 없는
흩어지는 바람 같아서
틈이란 틈을 다 막아도
모두의 눈길은 멀어서 흔들리는데
눈 밖에 있다고 외면하지 마라
그래도 한 때는
세상을 짊어지던 튼튼한 어깨였는데
이제는
한 줌의 햇살도 짊어질 수가 없으니
저 뭉친 어깨를
그대여 어떻게 풀어주면 좋은가
외로워서
외로워서 저 벽도
외다리로 저렇게 절며 서있는데

놓친 시간의 행복

육갑(六甲)을 넘긴 나이에
늦깎이 대학 졸업식장에 가는 날이다
점심때를 놓쳐
두리번거리다가 조그만
'커피와 토스토'라는 간판을 찾았다
잘 구운 토스토 두 쪽
그 사이에
잘 부친 계란 전 하나
한 입의 행복이 노오랗게 꽃 핀다
한 입 한 입 베어 물다
사이에 마시는 커피
쓴맛은 어디 가고 고소하기만 하다
때를 놓친 사람아
때를 놓쳐 탄생하는 이 새로운 맛을 아는가
놓쳐도 찾기만 하면 얻을 수 있는
이 행복을
어찌
가만히 보내고만 있는가
좀 늦으면 어떤가
고픈 배를 채우는
행복이 이렇게도 나를 충만시켜 주는데

우리 사는 동산엔

너의 꽃이었음 좋겠다

우리 사는 동산엔
너의 꽃으로
만발하고 또 만발하였음 좋겠다

너의 길이었음 좋겠다

우리 사는 동산엔
수만 갈래의 길
환하게 너의 길로 밝았음 좋겠다

너의 행복이었음 좋겠다

우리 사는 동산엔
하하 웃는 모습
날마다 반짝반짝 빛났음 좋겠다

너의 사랑이었음 좋겠다

우리 사는 동산엔
너와 나를 보듬는
따뜻한 마음으로 가득했음 좋겠다

달에게

슬픈 역사를 쓰다 보면 캄캄해서 어둡다가도
용기를 내어
기쁜 역사를 써야겠다 하고 일어서면
밝아서 밝아서 오는
그대는 어머니
달거리로 아파서
아픔의 면역력을 먼저 길러주어
난치의 아픔도 거뜬히 이겨내게 해주셨으니
죽되 죽되
결코 죽을 수 없는 우리는
어둠의 그림자로
가득 박힌 역사를 뽑아내야 한다
어두워 보지 않고
어찌 밝음만을 추구하겠는가
가득 채웠다고 쾅,
낙관을 찍어놓고 넘치지 않으려고
다시 비어서 채우는 저 여유를
배우라고
배우라고 달은 부드럽게 제 입술을 태운다

봄밤의 이야기

더 이상 미루고만 있을 순 없잖은가
저 근질근질한 입들 좀 보게나
서로가 쏟아내려
눈치를 엿보느라 눈알이 톡톡 튀어나오잖나
누구네 이야기가
가장 흥미로워 귀를 쫑긋 세우려나
이제는
그 누구라도 한 숨을 돌려도 좋은 때
앞산도 뒷산에게
돌아앉아 서로를 어루만져 주는 때
서로는 서로에게
하고 싶은 이야기로 잠 못 들어 하는 때
사람아
길도 이렇게 신이 나서 한달음에 달려서 오잖나
사랑하자 질펀하게
가슴속에 숨겨놓은 설움의 이야길랑
녹이고
녹여서 풀어내어 꽃은 피우자꾸나
이야기로 왁자지껄
세상이 들끓으면 얼마나 좋겠는가
이제는
그 어디든 푸른 다리를 놓고
동개동개 푸른 다리를 놓고

희망의 높이로 발돋움하는
그런 봄밤에 우리

흐름에 대하여

저 강물이
강물이 되기까지
나는 저 강물이 흘러온 거리에 대하여 생각한다
나는 저 강물이 부딪힌 그 흔적들에 대하여 생각한다
흐른다는 건
변화를 요구하는 것
깊이를 모를 땐
그저 잽싸게 흘러가기만 하면 되는 줄 알았다
부딪혀도 아픈 줄도 모르고
알팍한 세상은 그래서 좋았다
나 이제 흘러
수심 찬 깊이에
빠지지 않는 발을 담그고 있다

봄비

화들짝 네 소리에
나는 창을 연다
그리움도 짙어지면 싹이 나나봐

어느 듯 가버린
저 겨울의 통속
나는 너에게 옷을 벗어 던진다

자라거라 봄비야
후루룩 후루룩
훨씬 웃자란 우리의 사랑이 되어

그렇게 내려라
바램인 듯 그렇게
만발의 꽃으로 사랑을 써내려라

아직 전달하지 못한
내 사랑의 전부를
대신하여 네가 전하여 주려무나

그대 오는 소리에
나는 가슴이 터져
미완(未完)의 사랑을 그대에게서 배우리라

굴절(屈折)의 오후

봄이 오는 길목
한강 물빛도 덩달아 쫑알대는
빛투성이 오후
가슴까지 여미던
깊은 상념이 굴절되는
이월의 가랑이를 부여잡고
3호선 전철이 동호대교를 건넌다
꺾여 본 적 없는 저 철길을
굴절의 소리에 철커덩
철커덩 놀라 잘도 내뺀다
그래,
어디든 가야한다
바른 삶을 찾아서
봄을 재촉하는 저 햇살처럼
삶이란 빛투성이 아니더냐
하나씩 하나씩
내리며
내려놓으며

시, 소리하다

읊는다
물 따라
물소리 따라

읊는다
바람 따라
바람소리 따라

읊는다
세상 따라
세상소리 따라

몸을 섞어 사랑하면
목청을 높이지 않아도
읊어서
또 읊어서 시가 되는
저것들

눈은 오고

고뇌도
오래 씹으면 꽃으로 피는가
눈이 온다
눈시울 적시며 바라보는
저 높이로
둥지를 틀던 날들이
회억(回憶)의 나래로 나풀거려
덮으면 덮을수록 더 선명한
저 외로운 길에
내가 남긴 발자취로 온다
마른 길에 씹던 고뇌
푹푹
꿈을 깨우던 날들을 묻고
눈이 온다
나 이제는
나아갈 길만 사랑하리라
눈은 오고
눈은 오고
내 눈을 말그레
말그레 내 눈을 씻으며

꽃

충분히 비워 둔 이름이다
아무에게나
그 누구에게나
가져다주워도 좋을
스스로
부드러운 미소로
물들어
침묵마저도 이름이 되는
이제는
불러주워도 좋을
채우고
또 채운 이름이다
그 어떤 버금도 따라갈 수 없는
저
나신의 체취(體臭)에
취해서
취해서 사랑이 되는
그 이름 앞에
기꺼이 나도 연인이 되는

발칙한 발상

삼성산 칼바위
바위 위에 바위를 올려놓았다
비가 오고 바람 불어도
위태위태하지만
용케도 잘 견디고 있다
어둑발을 짊어지고 휘청거리는 저녁이
하루라는 토대 위에서
또 위태위태하다
어디로 발길을 들여야 할지
어둠은 짙어지는데
위태위태한
뉴스가 티브이 속을 뛰쳐나오고 있다
온통 흔들리는 지구
누가 지키지 않는
이 발칙한 발상을 했을까
국회를 정부 위에 올려놓은
저 끔찍한 짓을
그러나 나는 믿는다
그대 부드러운 약속의 밀어(密語)를

빈 의자 하나

익숙해지면
어둠의 길도 잘 보이듯이
아픔이 그대를 짓밟아도 놓아선 안 된다
희망이라는 마지막 잡을 수 있는
기적의 끈을 가다가
시들해질 때면 다시 잡아당겨야 한다
내 마음 내 뜻대로 할 수 없을 때도 있는 법
꽃이 피는 계절은
잎도 자리를 내어주지 않든가
우리는 좀 더 늠름해야 할 자리를 찾아
어둠을 발가벗기고 희망을 입혀야 한다
모두가 앉았다 간 자리는 저토록 닳아서 빛나지 않는가
무엇이든 주저하지 말고
조무래기 햇살이라도 주워 담자
그렇게 마음이 넉넉해지면
너와 나의 간격에 드리워진
그림자도 슬며시 자리를 물러나 갈 것을
아픔이 아픔으로 주저앉지 못하도록
틈을 주지 말고 의자를 닦자
어느 땐가
기적처럼 일어날 희망을 위하여
우리가 꿈꾸는 빈 의자 하나는 되자
반들반들하게 닦아서
또 닦아서

Ⅱ
삶의 바퀴

핑계

대자고 하면
조목조목
우주를 통틀어
네가 되지 못할 것 하나 없다
그러나
가까이 하지 말아야 할 것 중
그 첫 번째가
너라는 것을 알기에
나의 가장 게으른 친구여
네가
좀 더 부지런하여
그 오명을 씻기를 희망하며
나는
너의 옷을 벗긴다
씻어라
씻어라 다시는
너의 오명이
발붙이지 못할 때까지

삶의 바퀴

저 고통을 누가 알랴
오로지 희망만이
무지막지한 파지더미를 밀고 가는
손수레도 알아서 길을 여는데
기득기득 노래하는 자여.
그대는 꿈만 얘기하고 있구나
이 세상 험난한 것이 서로의 탓이라고
주먹만 쥐락펴락하며
이렇게 오묘한 것이 삶이가 아니냐고
언성만 높이는
그대는
잠시 취했다 가면 그 뿐
저 파지의 무게를 알기나 할까나
이 침묵이
그대를 파고들기엔
너무나 가벼워
바람만이 흔들고 간다
누구라서 이 책임을 맡으랴
아아. 짧은 다리가 후들거린다
보라. 그러나
우리 삶의 바퀴가 삐그덕거리긴 해도
얼마나 질기게 굴러가는가를

그대가 꽃이다

꽃을 바라보는
그대의 얼굴이 꽃물 들어 촉촉하다.
이렇게 꽃밭에 앉으면
그대도 꽃이 되는 것을
꽃이 머금은
저 미소는
고작해야 한 가지로 고정이지만
그대의 미소는
몇 가지로도 부족하여
단 하나의 얼굴로도
그대는
모양모양 다른 꽃을 피워내나니
그 어떤 꽃이
그대랑 견주겠는가
사람아,
미소를 짓기만 하면
그대가 진정한 꽃은 되나니
지을 일이다
방긋방긋한 미소를

핀잔

영롱한 크리스탈잔부터
금 은 옥잔은 물론이요
남실남실 넘쳐서 좋은 막사발 막걸리 잔에다
과음을 경계하라는 전설의 계영 잔까지
그렇고 그럴싸하게
많고 많은 게 잔이다
향이 진한 에스프레소를 따라줘도 좋고
갓 우린 녹차를 따라줘도 좋은데
그대여.
미움만은 따라주지 마라
잔은 사랑을 따르는 마음의 그릇
사람아,
핀잔도 그대가 주는 것이니
이왕에 주려거든
사랑을 가득 채워주어라

인사동의 눈빛

인사동에서는
슬픈 눈빛을 볼 수가 없다
닦고 또 닦아선지
모두의 눈빛은 환해서 반짝인다
모두는
한 때의 예술
또는 문학
종잡을 수 없는 사람도 그대로 낙점
눈빛이 그려내는
한 편의 시다가
한 폭의 그림이다가
어쩌면 한 점의 공예품이다가
한 밑천 다 살라버린
저 영혼의 눈빛들이
불은 켜서 증폭시켜 골목을 밝힌다
놓아라. 그대
슬픈 날은
인사동으로 와
스스로 놓지 못하겠거든
이렇게
분위기에 휩쓸려서라도 놓아라

어쩌자고

저 흙탕물
언제나 가라앉아 맑은 물 되려나
사흘이면
그 어떤 흙탕물도 가라앉아 맑아지는데
가라앉을 시간은 주지 않고
휘젓고
또 휘젓고만 있으니
서로를 부둥켜
큰 강이라 어찌 가겠는가
대양이라 어찌 가겠는가
모순처럼 질긴 인연도
이렇게 질기지는 않을 터인데
아, 우리가
흙탕물 속에서
무엇을 얻을 것인가
무엇을 걸칠 것인가
어쩌자고
어쩌자고 서로를 휘젓기만 하는가

숲길을 걸으면

네 품에 안기면
난
나의 속마음까지 들켜
부끄럽다가도
미처 내가 토해내지 못한
내 마음 속 갈래길을
고스란히 들춰내는
네 눈길을 따라
가랑잎 소리에 발맞춰 걷는다
바람처럼 걸어도 바람이 되지 못하지만
구름처럼 흘러도 구름이 되지 못하지만
그렇게 숲길을 걸으면
가랑잎 같은 갈갈한 눈빛으로
어느새 나도 길은 되어
까마득히 가야할 먼 길도 보이고
가지 말아야 할 바로 앞길도 보이고
버려야 할 욕심도 보이고
갖어야 할 양심도 보인다
숲길을 걸으면
숲길을 걸으면

능선에 서면

어떻게
이 광경에서 침묵하고 있겠는가
네 등에 오르면
간질간질하던 나의 목젖을 타고
톡 터져나오는
함축된
시
아마도 이처럼 제일 짧은 시도 없으리라
길게 늘어진
나의 곡절도 너랑 같아서
마지막 능선에 서면
이처럼 짧은
시 한 수 나왔으면 좋겠다
아,
달리 표현하지 않아도
한 폭에 그려지는

눈 위를 걷다

눈 위에
내 발자국을 찍으면
걸어온 내가 보인다
깊이 각인된 삶의 이력을
꾹꾹 눌러 쓴 저 일기
자꾸만 옆으로 빗나가려면
엄지발가락은 힘을 더 들여 찍었지
바르게 바르게 가자고
그렇게 종용(慫慂)해도
옆길의 유혹에 빠져
길에서 보면 보이지 않던
내 의지도
이처럼 작고 작았는가
저 조그만 발길이
여기까지 오느라 얼마나 버둥거렸는가
하얀 약속으로 꾹꾹 눌러 찍어보는
내 앞날의 삶은
버거워도
보폭을 줄이고 바르게 걸어라 한다

희망

어디쯤인가
그대 오고 있는 곳
나는 이미
채비하고 그대 맞을 준비로
이렇게도 들떠있는데
그대 눈빛
밝고도 맑아
그 어떤 장애도 뛰어넘을 터
멈칫거리지 마라
모두가 기다리고 있잖은가
그대 오는 길
너를 기다리는 사람이
이 세상에
너무도 많고도 많을 것을
그대여
어둔 길 밝혀서라도 오라
모두가 네 길로 밝아서
밝아서 나아갈 수 있도록

한파, 밀다

묵은 빚 독촉을 받는 듯
종종발걸음
순진한 마음도
이 정도에선 어쩔 수가 없네
춥다
송곳바람에 맡겨야 하는
하루치의 내 몫이
동동 발을 구른다
어디든 문을 열고 들어서야만 하는
이 절박함
내동댕이칠 수 없는
추위보다 더 혹독한
삶이라는 한파를 감싸 안고
할머니 한 분
송탄 중앙시장 한켠 노점에서
담요 한 장 무릎에 얹어 눈만 내놓은 채
야채 나부랭이를
한파랑 섞어서 팔고 있다
그래도 찾아갈 집이 있는 나는
한파를 밀고라도 가는데

북한강 얼다

그렇겠지
강물도
자신의 아픈 마음을 보이지 않으려
꽁꽁 감추고 싶겠지
춘천 가는 길
북한강이 얼었다
햇살이 손짓해도 어림없다
그럼. 강물이라고
가슴 아플 일 왜 없겠는가
속으로 속으로 울다
결국 마음을 깊숙이 잠근다
그래, 들키고 싶지 않은 게지
아파서
아파서 우는 사람아
여기 가슴을 다 드러내도
아픔을 이기지 못해
제 가슴을 죄는 강물을 보라
강물이 아파서
쩡쩡 자신의 가슴을 두드리는 소리를 들어보라
어쩔 수 없을 땐
정말로 어쩔 수 없을 땐
그저 그렇게 우는 게 상책이라는 듯

동장군

이 얼마나 준엄한 호령인가
모두를 꼼짝없이 만드는
저 위엄 앞에
벌벌 뜨는 꼴 좀 보게나
이것이 진정 권위가 아니겠는가?
모두가 비웃는 권위 앞에
저 잘났다고 으스대는 같잖은 사람아
그대도
이 본 좀 보려마
단. 하나의 행동으로
모두를 사로잡는 이 기찬 묘술을
그대는 흉내라도 내어보아라
바람이 불어
네가 잘나 보이는 것이 아니라
네가 잘나
바람이 춤을 추게 만들어 보아라
더불어
사랑이 너의 옷을 벗겨
겨울나무로 서서 더 멋진 모습을 생생하게
생생하게 그려 보아라

기습

갑자기가 아니다
미리 준비한 행동이다
벌써
며칠 전부터
방송에서 누차 예고한 사실인데
이렇게도 웃길 수가
방심한 쪽은 꼭 기습이라고 우긴다
터지고
무너지고
들이박고
그 흔하던 개도 고양이도
제 채비를 하는지
한 마리도 얼씬도 하지 않는데
유세(誘說)를 뜨는
저 거품을 입에 문 사람들
그들은 또
어떤 기습을 꿈꾸는지
기습한파가 세상을 꽁꽁 얼려 얽어매는 데도
태연하게
제 할 짓은 하고 있다

그대의 정원

한 번도 들여다본 적 없는
그대의 정원
어림짐작으로
장미꽃도 있으리라
꿈길 같은 안개꽃도 있으리라
끝없이 가고 싶은 천리향도 있으리라
그러나
어디 화려한 것만 있으랴만
나는 굳이
그런 것은 들춰보지 않으련다
그대의 정원엔
사시사철 꽃이 피고 나비도 날아
아. 나는 사랑인 듯
흠뻑 비를 맞고 싶다
젖은 듯이 젖은 듯이 나를 걸어놓고
그대의 정원에
지킴이로 서성이고 싶다

정설

시위(示威)는 이렇게 하는 것이라고
그들이 왔다
무더기로
무더기로 커지는 야욕을 덮으며
눈빛 찬란하게 왔다
모두의 가슴을 적셔야 한다고
아우성치는
그대들의 가슴을 적시며
보라. 어떤 시위가
이토록 가슴을 흔드는가?
왕창왕창
쓰러지는 건 그대들의 분노가 아니든가
저 눈들을 보라
하얗게 하얗게 쏟아 붓는
저 침묵의 시위를 보라
더러운 것은 이론이 따로 없다
덮는 게 정설이라고
저렇게 제 몸을 태워
덮고 또 덮지 않는가

꽃길에 서면

가까이 그대 머물러도
나
그대를 그리워하네

우리 멀어지던 날도
그 때엔
잊겠노라 했는데

조용한 노을빛 입술처럼
물들어 가고 있는
보이는 건 길이 아니다

어두워
어두워서
사무칠 때 길이다
내가 이름을 불러주어
비로소
그 때에 길이 되는

기다림은

기다린다는 것은
내가
네게로 가는 것이다

너를 기다리는 동안
기다리는 시간은 더디 가고
앞서서
나는 네게로 간다

나의
모든 감각기관이
오로지
네가 되어
시간을 맞으러 간다

기다림의 시간이 가까워질수록
터질듯이
나의 풍선은 부풀어 오르고
기다리는 사람아
너는
무지개로 떠 있다

내 가슴이 열 개라도

당신의 가슴이 백 개라
언제나
나는 모자라는 당신의 아들입니다

'하매나'하고 뒤따라가도
언제나
구십 개가 모자라는 당신의 아들입니다

왠지 모르겠습니다
언제나
채워도 채워도 모자라는 나의 가슴은

먹먹하고 먹먹해서
내 가슴이 열 개라도
당신이 주신 사랑을 다 담을 수가 없습니다

바람도 친구가 되더라

무쇠솥도
속사정을 알아달라고 들썩거리잖은가
가슴이 아픈 사람아
혼자 아파하지 마라
이 세상 모든 것이
그대의
친구는 되리니
아프면 아픈 대로
그대가
먼저 친구가 되어라
친구가 되어 털털 털어 놓아라
지나치는 바람까지도 고개를 끄덕이며 들어줄 테니
꽃도 만날 좋아서
웃고 있는 게 아니잖은가
와 달라고 와 달라고
저 먼저 미소를 보내는 것인 걸
가슴이 아픈 사람아
그대도
저 먼저 꽃은 되어 보아라

저물녘

안 좋으면
스믈쩍 구렁이 담 넘어가듯
넘겨도 좋을 시간이다
뻣뻣하게 굳은 긴장을
술술 풀고
풀잎처럼 쓰러져도 좋을 시간이다
낮과 밤의 전환이여
이제는 자유가 그리운 시간
종일토록
주워 먹은 허접한 언어로
슬픔의 문장은 쓰지 말자
찬란한 불빛의 마음을 읽어
아프면 아픈 대로
꽃은 피워
스스로 향기를 풍기며
나대로의
등불을 켜자
이 짭짤한 여유를 밝힐

절찬리 상영 중

아산 영인산 산행을 하고 내려와
온천을 한다
달랑 달랑
오,
이렇게 훌륭한 누드영화를 본 적이 있는가
저 살아있는 잠언을
아무런 거리낌도 없이
종을 치며
순교의 예인 양
스스로 아담이 되는 양들에게서
태초의
사랑의 비법을 배운다
아무 것도 감추지 마라
오늘은
우리가 순수의 빛깔로 젖어서 갈 때
단 한 번만이라도
내려놓을 수 있는 절호의 기회가 아닌가
살아서 움직이는
이 영혼의 우물에 무엇을 더 그려 넣겠는가
우리가 보여주는
이 영화가
절찬리 상영 중인데

방아쇠를 당기다

계속해서
바위를 사랑하자
가슴을 열고 바위가 안긴다
저 눈빛 좀 보게
뚝심 있게 생겼잖나
그 어떤 순간의 변화에도
끄떡없이 지켜줄 것만 같지 않나
사랑하는 일이란
바위 하나 보듬는 것이라네
뭉개고 뭉개도
흐트러지지 않는 바위 하나 품는 것이라네
사랑하는 사람아
앞으로 나아가기 위해선
먼저
한 걸음 뒤로 물러서야 하는 것을
그대는 알아
사랑이 쉬이 무르지 않기를 기도하라
사랑의 방아쇠를 당길 땐
최대한의 힘을 빼야 함을
그대는 알아
사랑이 그대 앞에서 바위가 되게 하라

잔소리

그 참 희한할 일이다
똑 같은 말인데도
나이가 묵어서 하면 잔소리란다
아내들이 하는 줄만 알았는데
굵직해야 할 목소리가
힘이 줄어드니
그 세력마저 잃어버려
매번 핀잔으로 잔을 채우니
그냥 묵묵히
핀잔이나 들어서
속으로
속으로 삼키라는 것인지
거친 세월도 닳아지는 게 분명하다
점점 얇아져 간다
내 귀에 동냥하던 것이
네 귀에 동냥으로
나의 목소리는
맴맴 쳇바퀴처럼 헛돌아 간다
말로 하지 말고
행동으로 하란다

사랑

저 위태로운 낱말을
받치고 있는 사람의 하루는 얼마나 행복한가
역경이 없는 사랑은 얼마나 허전한가
무게를 알 수 없는 까닭에
저 깊이 또한 알 수 없으나
사랑이여
네가 준
그 깊이만큼으로
세상을 이만큼 돌려놓을 수 있으니
사랑이란
이렇게도 무거운 책임으로 견디고 견뎌야 하는 것을
사랑이
사랑으로서 역할을 다하기 위해선
넘어져 먼저
쐐기가 되는 것부터 배워야 하는 것을
사랑으로 우는 사람아
그대는
한 조각 사랑의 쐐기가 되어 보았는가

Ⅲ 유혹誘惑

모과

시린 이빨로
감히 씨알도 안 먹힐 소리 하지 마라
이래 뵈도
굳은 삶의 본보기는 되고도 남을 터
얼마나 알찬 삶을 살았는가
한 번 깨물어 봐라
잘 익은 삶은
씹어도 씹어도 씹히지 않을 터
이처럼 향그러운 향기로 말하는 것
겉으로 보이는 것만으로 평가하려 하지 마라
하도 올곧은 것들을 많이 채우다 보니
더 이상 저장할 수 없어
삐져나가려다
이렇게 울퉁불퉁하게 된 것을
못생긴데 비유되는 것 정도야 참을 수 있지만
삶의 이력을 가지고는 탓하지 마라
두루 겪은 풍진 세상만큼은
그대여
나를 보고 말해도 좋겠지만

눈발

눈이 날린다
내리깔고 싶은 눈발이
부글부글 끓는
라면 발 같은 저 투쟁에 서려
핏발로 날린다
나는 시리다
이 땅의 평화가 시리고
이 땅의 투쟁이 시리다
눈발이 날린다
아무 것도 막을 수 없는
이 땅의
저 바리게이트에 항거하여
폭력을 재우려
성이 나서 날린다
눈발이 날린다
내 조국 붉은 심장에
꽃으로
꽃으로 만발하여
저 부끄러움을 잠재우려
숨죽여 숨을 죽여

어느 2월의 눈 오는 날에

그래
그렇게 명확히 변명이라도 해야만 했다
부드러운 입술로
눈은 나리고
초점을 잃어버린 눈빛으로
눈은 나리고
길을 덮는 저 먼 기억으로
나는 펄펄
눈은 나리고
너의 변명을 신나는 듯 들어야 했다
그 어디에도 한계는 없는데
선을 긋는 사람아
눈은 나리고
아픈 듯이
아픈 듯이 눈은 나리고
우리는 눈을 맞으며 눈빛을 잃어 가는데
눈은 나리고
눈은 나리고
네 가슴에도
내 가슴에도

장미

하도 사랑스러워
슬쩍
한 마디 던졌을 뿐인데
온 몸에 가시를 세우고
핏기 서린 얼굴로 잔뜩 노려본다
그래. 오기도
너만큼은 되어야
한 번 쯤 현혹되어 덤벼 볼만 하지 않겠는가
사랑아,
이름값은 해야 하지 않겠는가
차라리 찔려서 피를 토해낸
저 시인의 주검처럼
오로지 한 사랑만을 그리다 간
어느 여시인의 주검처럼
그렇게
뜨거워서 죽는 거다
사랑은
지피면 지필수록 뜨거워지는 용광로라
향수를 뿌리고 덤비는
저 여인의 도가니를
그대여
어찌 못 본 체 눈만 껌뻑거리고 있겠는가

그냥이라는 말

싱거운 말
이 한 마디로
사람을 사로잡는다
이유가 없다
더 이상의 욕심은
“나 어디가 좋아?”
“응. 그냥 다 좋아”
그냥이면
아무런 거리낌이 없다
세상에
이처럼 가벼우면서도
이처럼 무게감 있는 말
또 있을까
그대여
섣불리 그냥이라고 말하지 마라
모든 걸 아우를 수 있을 때
그 때에 가서야
그냥이라고 살며시 말하라
나 그냥 줄게

유혹(誘惑)

냉큼 오란다
저 벚꽃의 유혹은
나는 못 이기는 체
뒷짐을 하고 바람에 떠밀려서 가는데
순간이나마
빛난 세상에 뺑, 터뜨리는 나의 환호는
좋다
더 이상 어떻게 좋을 것인가
이 풋내기 사랑이
함박함박 터뜨리는 미소보다
이렇게 취해서 좋을
우리의 세상은
냉큼 안 오는가
저 떨어지는 절규를 보고도
좋다고
좋다고 사람들은
있는 대로 탄성을 자아내는데

눈

너는 부드러운 언어
폭설로 폭설로 내뱉어도
눈빛으로 교환하는
너는 포근한 언어
나는 한갓
네 하얀 치마폭에나 싸여
녹이고 녹이고 싶은 차가움으로
오로지
네 굳은 의지일 때의
눈부신 사랑
아,
그러나 알 수 없는 건
네가 숨기고 있는
마지막에
사그라지며 찌를 섬뜩한 날빛을
네 눈빛이라고 믿는
그 오열의 눈물을
아아, 차마 나는 어찌하면 좋은가

움

침묵도 때가 되면
입을 열어야 금빛으로 빛난다
모진 겨울을 이겨낸
생명에게
가만히 귓속말로 일러라
이제는
입을 열어
사랑의 언어를 터뜨려도 좋다고
모든 눈들이
그대에게로 쏠려
그대는
황금빛으로
톡톡
미소 몇 초롱 밝혀도 좋다고

행복

지나간 어제가 아닌
오늘이라서
나는 행복하다

다가올 내일이 아닌
오늘이라서
더더욱 나는 행복하다

지나간 추억에 울고 웃는 사람아
다가올 내일에 꿈을 꾸는 사람아

오늘이다
과거와 미래로 저울질하지 마라

행복이 그대 안에서
꽃처럼 활짝 웃을 수 있는 순간은

빌미

성공하면
너만큼 짜릿한 것도 없다
어떤 것이든 다
가져다
눈 가리고 아웅도 하고
슬쩍 속여먹기도 하지만
한 고비를 넘겼다는
이 역사보다 더 확실한 진실
필요할 때
가장 적절한 너이기에
그만큼 절실하기 때문이리라
세상의 온갖 치열한 것들이
너를 찾고 찾는 걸 보면
어쩌면 너는
보석보다 더 존귀한 대접을 받아도 되겠지만
그러나
조심해야만 할 것을
들키는 날에는
너 역시 살아남지 못할 것이니

비빔밥 한 그릇

몇 번의 한숨을 토해내야 밥은 되는가
관악산 연주암의 정오
숨을 헐떡거리던 사람들이
밥을 비비고 있다
나물이래야
흘린 땀만큼이나 짜디 짠 무짠지랑
뱉어낸 한숨만큼의 콩나물이
고작
멀건 우거지 국이 마른 목을 적시는데
이 한 상의 비빔밥이 성찬이 되기까지
발자국은 또
얼마나 고달팠는가
밥이 된다는 건
자신을 이겨내야만 한다는 것
보라.
이 한 상의 비빔밥이
이토록 거룩하기 위해서
암자는 또
까치발을 하고 하늘을 우러르고 있지 않는가

소나무 계단

필요 없는 계단은 없다
언제나 제 자리에서 우둑우둑 몸을 세우는
관악산 능선 길
바위에 걸쳐 소나무 한 그루
옆으로 누워
얼마나 사람들을 실어 날랐으면
등가죽이 다 벗겨져 맨들맨들하다
고통이 바람으로 우는 날은
햇살마저 비켜서는데
오로지 제 몫인 양
그래도 꿋꿋이 제 등을 내어준다
찬바람을 맞아본 사람만이 십자가를 짊어진다
하찮다고
아래로만 보지마라
그대가 오르려고 할 땐
올려다보아야만 저 등을 허락하노니
저 등에서 흘린 피로
너와 나는
오늘도 세상의 길을 가고 있나니

찌푸린 날은

아무렇게나 구겨 넣은
그대 생각도
꺼내서
다림질하여 펴보면 꽃처럼 향기로운 것을
침묵 사이로 흐르는
어두운 우리들의 강물도
흐르고 흐르면
언젠가는 맑아서 돌아올 것을
이렇게 잔뜩 찌푸린 날은
그대 생각으로
버거워 버거워서 숨이 다 차는
그대가 머무는 곳
저 너머
닫힌 구름을 열어
그대에게
보푸라기 햇살로 편지를 쓰고 싶어
안달이 나는 날

옥상의 비밀화원

인사동 골목에
하루해가 지고 있는데
모두의 가슴 속엔 더욱 밝아 빛이 스민다
사람들은 스스로 출렁이고
다물어지지 않는 입에선
조잘거리는 행복의 밀어로
꽃은 피워내는데
추위는 서로를 바짝 더 달라붙게 하고
모두는 사랑이라는 사탕 하나씩을
녹이며 뱅 뱅
무슨 꿍꿍이속이 있는지도 모른 채
쌈지 길을 돌아
쇼윈도 속의 허영에
잠깐 아주 잠시잠깐
눈길을 빼앗기기도 하며
오르는 옥상
가기를 두려워하지 마라
그대 찾아서 가면
사랑이 너와 함께 낙원처럼 거기에 있다
비밀은 좋아한다
서로의 가슴이 뭉클해지기를

저물어지면 어디든 그립다

이화마을에
햇살 같이 하루가 진다
이름하던 추억을 걸고
모두는 한 때의 시절로 물들고
저 발걸음 동동
나는 아주 잊혀 진 채로
골목골목을 구르다
돌아가면 결국 내가 살던 곳
돌아가면 결국 내가 놀던 곳
아이들 목소리도 말라
야위어진 담벼락을 타고
지친 듯 햇살은 눕는데
나그네가 따로 있는가
이미 떠나왔는데
그림자만 덩그러니 무겁게 드리워
발목을 잡는다
이제는 돌아가도 이미 늦어버린 저녁 때
밥 짓는 연기도 사라진
저 어스름을
애써 노을이라고 우기며
우기며

더러는

더러는
어설픈 목소리로라도
그래. 안녕

설사
거친 시선일지라도
그래, 안녕

그대 아닌 길이
굽어서 굽어서 헤질지라도
그래, 안녕

절대로 놓지 말아야 할
우리의 인사
그래, 안녕

낙엽처럼

내 기꺼이
흔들려도 그대 곁에 머물 수 있기를
얇은 바람을 건너 손짓했네
이제 남은 잎들은 주저하지 않네
두려움마저 뚝
떨어지는 이 알싸한 사랑 앞에
기도는 또 얼마나 울어야 할지
뒹굴다 뒹굴다
그대 곁에 눕는
낙엽의 마지막 안식처럼
아늑한 사랑이었음 좋겠네
더는
흔들리지 않는
안정된 삶으로
따스한 양지의 한 켠 빈틈에라도
바스라질 때까지
마지막 희망을 말리고
말리고 싶은

11월은

네가
내 곁에 와
나란히 서주기만 해도
참 좋은 달이다
밖은 썰렁하고 허전해도
네 품속은 따뜻하기만 한
내가
네 곁에
머무르고 싶은 달이다
우리 둘 다
욕심과 시기와 미움을
낙엽처럼 내려놓고
나란히 손을 잡고 걸으면
참 따뜻하기만 할 달이다
오로지 사랑으로
네가 내 곁에
내가 네 곁에
나란히 누워도 좋을
더없이 좋은 달이다

거룩한 하루를

사르르
감기는 두 눈 위로
우린
배고픈 서너 병의 소주와
배가 터지도록 먹어도
또 퍼 넣고 있는 정치와
허술하게나마 안줏거리도 안 되는 문학을
질펀하게 늘어놓고
내뱉는 말들이 언어가 될 수 있기를
마치 기도라도 하는 양
주문이 되지 않는 말들을 주문처럼 왼다
세울 수 없음을 알아선지
저 먼저 누워버린 소주병들이
그래 보아라는 듯
까르르 배를 잡고 뒹굴고
제 풀에 꺾인 우리는
풀린 눈동자를 의지하여
그 게 아닌데 그 게 아닌데
잠꼬대 같은
허튼말만을 뱉어내고
거룩한 하루를
심지처럼 태우며
구기고 구기는
2015년 11월의 대한민국

징검다리

굳이
잇지 않아도
저절로 이어지는 마음이다
열어주고 열어주는
해맑은 물소리
건너뛸 때
출렁 꺼내줄 마음이여
건너고 건너면
사랑으로 흘러 네게로 갈
길이다
걸어 온 길 잠시 뒤돌아보고
나아 갈 길 세세히 짚어보는
비바람 온갖 풍파에도 꿋꿋한 다리이다
삶이 그러하거늘
그대여
우리 인생 앞에
즐겨 징검다리를 놓아보지 않겠는가
우리 서로
하나로 서로를 이어보지 않겠는가

겨울 볕살

너그러운 나무람이다
흔들지 않고도
꾸짖지 않고도
고분고분하게 만드는
온화한
가르침이다
낱낱이 파헤치지 않고도
잘못을 빌게 하는
본받아도 본받아도 좋을
저 뜨거운 사랑
맞아야 한다
맞아서 사랑을 배워야 한다
배워서
이 땅에
떨고 있는 사람들
그들에게
기꺼이 볕살은 되어 주어야 한다

북한산에 오르다

저 긴장을
나는 깨뜨릴 수가 없네
마음은 이미
훌쩍 천 년을 뛰어넘어
진흥왕 시대나
경덕왕 시대쯤에 다 달아나는
족두리 봉 움푹 패인
돌 웅덩이에 자유로울 한 마리 비둘기로 앉아
움츠리고 움츠리는
저 경계를 쪼고 또 쪼네
변하고 싶지 않은
이 땅의 역사가 굳어
부릅 떠 부릅 떠
찬란한 눈빛들을 보라
얼마나 거룩하고 야무진가
지킨다는 건
이토록 긴장해야 할 아우성
무게로 눌러앉은
저 늠름한 자태를
자꾸만 자꾸만 끌어안으며
나는
깊이로 깊이로 파고들어
쩌엉쩡 울리는
저 산맥의 동맥을 더듬으니

Ⅳ
신세계를 좇다

봄의 텃밭에 물을 주다

조용한 봄볕으로 글을 쓴다
아직 멀리 가지 못한
우리의 이별을 위하여
이진법으로 선을 긋고
점점 멀어져 가는
그대 지친 걸음에 달아줄
안녕의 편지라 해도 좋겠다
제대로 펼쳐보지 못한 사랑의 두루마리는
풀물이 들어서 촉촉해지겠지
푸른 영혼을 담아
이름을 감춘 달들이
봄바람처럼 휘어져 우리는
점점 더 멀리
멀어져 갈 테지
그러나 보라
서너 번의 정사로도 봄은 텃밭을 일구어놓지 않았는가
톡톡 터뜨리는 꽃순을
보란 듯이
보란 듯이 피워 올리고 있지 않은가

이참에

그래.
바꾸는 거다
겨울을 봄으로 바꾸어
새로운 옷을 입혀 보는 거다
낡아서 허름하게 보일 때
너와 나도 새로이 바꾸어 보는 거다
이맘때면 들끓는
저 총선의 아수라장
그렇지
어제가 오늘로 바뀌고
우리의 낡은 생각이 어둠 속에 일렁일 때
파도는 또 몇 번을 일었다 누었는가
길은 또 몇 만 리 밖으로 달아났는가
그렇게
모두는 모두에게 흑백사진처럼 낡아가는데
이제는 바뀌야 한다
세상을 바꾸려고 하는 사람아
아무리 보아도
그대가 먼저다
정작으로 바뀌어야 할 본연의 우리는

꿈을 빚다

아프지 않고
어찌 새로이 태어나겠는가
그대의 아픔을
호호해주려고 간밤엔 눈이 와서 덮었구나
스스로 아물어야만 하는 것
이렇게 라면
천성이라고 바꾸어지지 않겠는가
푸른 손에 쥐어줄 화사한 이야기꽃
스스럼없이 토해내야 하지 않겠는가
빚는다는 건
정성을 다해야 하는 것
열망은 아프지만
결실을 남기는 것을
꿈을 빚어
봄은 한사코 이루워 내고 있지 않는가
찬란한 우리의 꿈도
저 어디메쯤 그렇게 오고 있지 않겠는가
빚는다면
빚는다면

낌새

충분히 알아차려야 했다
봄은 제 길을 오기 위해
추위로 또 나무를 얼마나 흔들어댔든가
그러나
그대를 알아차린 나무는
벌써부터 제 몸 안에 물기를 다 빼놓아
아무리 추워도 얼어 죽는 법 없이
한 겨울을 무난히 견뎌냈지
그대는 순간이지만
엄청난 힘을 가지고 있는 전령사가 분명하다
나는 살아오면서
참으로 많이 너를 만났을 것이지만
놓쳐버린 그대로 인하여
또 많이 아파야만 했는데
그것조차 모르고 있었던 것 같다
이제는 살피련다
너를 알아차리는 순간
번쩍 나의 삶은 거울이 될 터이니
그대가 알아차리게 해주는 한
나의 삶은 얼마나 든든할 것인가

바위에게

아무리 날카로운 칼날도
너만큼 날카롭지는 않을 것이다
내가 네게로 다가가자
너는 가슴을 활짝 열어 나의 가슴을 갈라주었다
하구한 날
찬바람 눈비 서리로 눈길 한 번 제대로 못 맞추다가
맑은 날은 맑은 대로
저린 다리로 주저앉아 기다림이여
이렇게도 날을 세웠구나
약속한 건 다가가지 않은 나였는데
운명이여
그대는 눈물도 속으로 삼키지 못하고
외로운 듯
외로운 듯 날을 세고 있었구나
나는 어디로든 떠나지 않는 바위 네가 좋다
내가 네 곁에 가면
너는 든든한 말씀이 된다 탄탄한 믿음이 된다
한 번의 약속을 철석같이 믿고
끝까지 지키고 있는
너는 나에게 희망이 된다
세상의 약속이란 약속은 모두 다 바위가 되어라
배워라 사람아
바위가 되어서 지키는 법부터

함박눈 퍼붓다

욕설을 퍼붓는다
어쩌다가
이렇게 세상은 어두워졌는지
욕을 하는 쪽도
욕을 먹는 쪽도
하나같이 제 잇속만을 채우려하니
욕설을 퍼부어 본들
무슨 소용 있으랴만
이 통쾌함으로 나는 세상을 밝힐 수 있는
위안이라도 삼고 싶은 게다
퍼부어라
더 이상 검은 욕망이
고개를 쳐들 수 없을 때까지
무진장으로 퍼부어라
그래도
욕설을 퍼붓다 보면
그 아래서 꼼지락거리는 싹은 있으리니
이 한 밤 하얗게 지샌들 어떠랴

동창회에서

자리에 안 보이는
친구의 안부를 안주 삼아
매번의 바람에도 쓰러지지 않은
그나마 다행인 우리는
등걸로 앉아 마른목을 축인다

이제는 성공보다
머리카락 몇 올이 더 관심을 끄는 때

공을 닮은 목탁이 유난히도 반들거리는데

불빛도 미안한지
비켜서서 웃고 있다

시간

너만큼만 부지런하면
어느 삶이 누추할까
꼭두새벽부터 방울소리 요란하게 나도록 너를 저물도록 따라왔건만 남은 건 없다
빈 그림자뿐
길이, 너는 역사에 한 페이지를 남기는데 나는 고작 피곤한 몸을 누일뿐이다
그래서
이제는 방법을 바꾸어야겠다
내가 너를 따라 다닐 게 아니라
네가 나를 따라오도록
느긋하게 이제는
내가 너를 데리고 놀도록

달집을 태우다

얽매인 과거로는 안 된다
태워라 활활
때절은 누더기를 입고 얼굴만을 어떻게 바꿔보겠다고
아니다
저 징이 괜히 우는 건 아니다
달덩이를 블러오는 일이다
얼마나 온화한가
저 달 속에 무엇을 위장하고 있을 것 같은가
아니다
그런 일 없다고 꽹과리는 명쾌하게 웃고 있잖은가
잘못한 게 있으면 맞아야 한다고 장구는 제 몸을 회초리질 하고 있잖은가
바로 이런 것이다
우리가 염원하는 건
벅구를 두드리며 훠어이 훠어이 날려 보낼 건 날려 보내고
온화한 달덩이 하나 맞이하는 것이다
이제는
때절은 누더길랑 벗어서 불길 속에 던지고
하나로 길을 내자고
날라리는 또 저렇게 구성지게 외치고 있는 것이다

봄길은 요란할수록 좋다

봄빛에 내가 물들어도 좋겠네
저 거리에 박힌 투박한 소리들
빗소리로 두드려 흥이 나면
기다리던 세상은 온다고
새싹들
우루루 몰려나와 쌩긋쌩긋 웃음꽃 피우고
나는야
한 바가지 사랑의 봄비로 뒤집어쓰도 좋겠네
그렇게 온통
사랑으로 세상은 물들어
저마다 꽃을 피우고 돌아앉아도 좋겠네
봄은 요란하게 올수록 좋겠네
온천지가 떠들썩하게
그렇게

라면을 끓이다

허리를 뚝, 분지르고도
생각하고 싶지 않은 인연 하나
성에 차지 않으면
꼬이고 꼬인
오해와 원망과 증오의
팔다리까지 분질러
펄펄 끓는 물에 넣어보라
한소끔 갈등으로 몸부림치다
꽁꽁 묶은 포승줄을 스르르 풀어놓는 저 몸짓
세상에
풀어놓지 못할 가슴 아픈 사연 어디 있겠는가
함박 웃지 못할 그 아픔 어디 있겠는가
아직도 아픔이 남아 있다면
자신을 먼저 분질러 펄펄 끓는 물에 넣어보라
농축된 아픔의 실마리를 찾을 수 있는
열망의 시간을 갖고
스스로 먼저 다가서는 용기를 풀어놓는
저 라면의 면발처럼

코다리

송탄 오일장
마른 햇살 걸머지고 시장이 눕는다
풍년같이 육쪽마늘이 눕고
제 향 가누지 못하는 햇과일들
설렁설렁 산처럼 눕는다

물 좋은 놈들은 목 좋은 곳에다 아성을 쌓고
기세도 등등하여 낯살 좋게 눕는데
먼 바다 이고 오다 어딘가에서
어정쩡이 말라버린 코다리
비집어 누울 틈조차 없어
겨우사 허공에 매달린다

헐값에 흥정되던 비린 아픔이 노을로 저물면
바람에 흔들리며
말없이 짜내던 눈물 붉은 밤들은
바다로 바다로 턱을 고이고
아직은 낯선 거리 낯선 시장을
아무런 방황도 없이 헤매는
너는 그래서 마르지도 추지지도 못 하는가보다

보채지 않아도 좋을 파장의 소묘
코다리 찌개내음이 바다에 안긴다

신세계를 좇다

적신다는 건
얼마나 부드러운 몸짓인가
봄비가 대지를 적시자
환하게 대답하는 저 미소
이 세상
모든 젖는 것들은 몸을 세우고
봄비는 나려
봄비는 나려
꽃등에 심지를 돋우는 밤
나는 밤을 태운다
다그치지 않아도 오는 것을
그토록 오래도록 애를 태우고서야
너는 오는가
너는 올 텐가
봄은 먼저 와
이리도 찬연하게 뽐내고 있는데

밥 익는 냄새

이보다 더 비정한 향기가 있을까
조금의 여유도 없이
나의 배는 주리고
밥이 익는다
이러는 중에도
세상의
모든 익어가는 것들은
우리를 위해 제 몸을 누이고
밥이 익는다
제 안의 모든 것을 쏟아
사랑하는 일들이
이렇게 부드럽게
저마다의 향기로 익는다
사랑하는 사람아
그대는 밥이 되어라
퍼먹어도
퍼먹어도 배가 고픈
나는
밥 익는 냄새를 흥흥거린다

꼼장어구이를 먹다

오래 된 이야기처럼
씹을수록 고소하다
종로3가 파고다공원 옆
비집어 앉아야 여남은 명 앉을까 말까
하는 성냥갑 같은 술집에
아련한 추억의
고통처럼
꾸물대며 꼼장어가 익어가고
서로에게 위안이 되는 소박한 사람들
정을 따라 마신다
절제된 이 좁은 공간이 바다로 출렁이고
잠시 동안
모두는 파도가 된다
우리 이렇게
이야기가 좀 흐트러지면 어떤가
이제껏 출렁거려 왔는데
이제는 쓰다듬고 다독여주면 되는데
쫄깃쫄깃하게 씹는 게 정이지 않는가

낙지찜을 먹다

어떻게
이렇게 아무렇지도 않은 척
발갛게 밀당을 할 수 있단 말인가
지향하는 목표가 다르고
살아온 환경이 다르고
발가락 하나 닮은 게 없는데
눈 하나 꿈쩍하지 않고
절친한 척
어깨를 걸치고
너그럽게 흥얼거리며 웃고 있단 말인가
조급한 우리는
이렇게 눈 똑 바로 뜨고도
갈팡질팡
길을 헤매고 있는데
조화로움을 얻지 못하는 매운 분노에
찔끔찔끔 흘리는 눈물마저
비웃는 듯 총총한데

걸뱅이탕을 먹다

전철을 타고 가는데
짠내가 진동을 해 둘러보니
누가 봐도 걸뱅이다
그 너른 좌석을 다 차지하고 자고 있다
모두가 피해 앉는
이 엄동설한에 따듯한 전철은
그의 천국일 수도 있겠다 싶은데
예전 나 어릴 때 진식이가 배시시 웃으며 떠오른다
그는 손도 절고 다리도 절었지만
아무리 애들이 놀려먹어도
언제나 얼굴에 미소를 띄우는 그야말로 프로였다
누구 어느 집이든 진식이가 오면
구차한 삶도 한 식구 늘은 것처럼 흐뭇해했다
기껏해야 달랑 박 바가지 하나
그것이 그의 전 재산이었지만
그에게선 행복의 미소가
향기처럼 번져나왔다
오늘 저녁엔
제사를 모시고 남은 음식을
제다 넣고 아내는 걸뱅이탕을 끓였다
주고도 흐뭇한 마음과
주지 않으면서도 앙칼진 마음이
모락모락 피어오르는 김 속에서

서로를 비웃듯
아웅다웅하는 저녁이다

라떼를 마시다

네 살을 녹이는
나의 키스는 황홀하다
밤빛에 질경거리는 거리를
취한 채로 걸어놓고
넋 나간 듯
흐린 창 밖
무언의 그대에게
홀로 나누는 담소라도
어설픈 미소까지 띄워
나는
손이라도 들어 보이고 싶다
사랑아
우리도
이렇게도 향긋할 수도 있을 것을
이렇게도 감미로울 수도 있을 것을
이처럼 솔깃하게 이야기하고
이처럼 부드럽게 키스하고
네가
내 입에서
그렇게 녹아날 수도 있을 것을

봄바람

그만한 배짱이야
있어야 후리지 않겠는가
내버려두어라
흔들면 모르는 체 따라서 흔들리지 뭐
이제는
우리가 나가서 노래를 불러도 좋을 때
밖으로 밖으로
다져진 우리의 생각을 불러내어
장단을 맞추라는
저 간곡한 호소가 아니겠는가
그래. 너의 호소에
못 이기는 척 꽃도 으뜸으로 피고
꽉 다물었던 입도
근질근질하여 따라서 벌리지 않는가
이 좋은 봄날에
불어라 그대
불어서 우리의 어둔 마음을
다 훔쳐 가도 좋으니

작은 손

누군가가
그대 옆에서 쓰러지려 할 때
내밀 수 있는 손은
결코 크지 않아도 된다
이 옹졸한 세상에서도
그대는 단연코 주인공이고
어지럽고 어지러워
아무도 장담할 수 없는 우리는
언제든
어디서든 쓰러질 수 있으니
우리 곁에서
누군가가 쓰러지려 할 때
아무도 손 내밀지 않아도
은근슬쩍 내미는
그대 작은 손 하나면 된다

햇살

티 없이 맑아야 할
어둔 우리 마음의 바다에
쑤욱 빠져들어도
결코
등을 지지 않아서
너무도 따뜻한
그대의 언어
세상은 그대로 인해 온통 밝아서
우리는 넘실대어도 좋겠다
사랑은 뜨거울수록 좋은 것
너와 나의 사랑이
그대의 언어로 데워져
펄펄 끓어도 좋겠다
이 세상 모든 사랑이
그대 앞에 감출 수 없어
불난 듯이
불난 듯이
활활 타올라도 좋겠다

만남을 볶다

사람을 좋아하는 일이
저토록 신나는 일이어서
그는 커피를 볶는다
생판 처음 만나는 사람들을 위해
고소하게 볶는다
개략의 인사가 오가며
또르르 이야기는 구르는데
커피를 볶아서 까르르 까르르 간다
모두는 코를 흥흥거리며
미소를 들이마시고
정이란 생소해서 어려운 게 아니라
서로 뭉쳐보지 않아서 생숭생숭한 것이라는 듯
거름종이 안에서 꼼지락거린다
펄펄 끓는 물을 붓자
사르르 하나 되는 우리는
페친으로 처음 만나는 사람들인 걸

개나리 꽃눈 틔우듯이

밝은 세상이 보고 싶은 게지
저 새치름하게 눈 뜨는 것 좀 봐
그래, 희망은…
그렇게 실눈 뜨고 시작하는 거야
수런수런
꽃눈 틔우며
모두가 노란 목소리로 안녕을 여쭈는데
한꺼번에 다 세울 듯
크게 눈을 뜨고
개나리 꽃눈보다 못한 사람들이
세상을 세우겠다고
색색으로 발광을 하는 꼬락서니라니
이 봄이 허접하여 웃는다
이제는 좀 색다르게
개나리 꽃눈 틔우듯이
제발 그대들이여,
작은 듯 작은 듯이 희망의 눈을 틔워라

V
노가리

꽃에게

너의 이름이 강한 것은
그만큼의 존엄을 세우라는 것
너 잘났다고
함부로 우쭐거리지 마라
그러다 금방 한 시절 다 간다
눈빛이 부드러운 너는
입보다
눈으로 말하는 게 좋아
겉이 부드러워
더 깊은 내면의 사랑을 가지지 않았는가
너를 보는 사람들이
부드러운 사랑에 빠져들어
너랑 같이
푸르른 눈길로 세상을 밟았으면
밟았으면

아름다움에 대하여

슬기봉을 지나 태을봉으로
수리산 산행을 하는데 험준한 길을
내가 이긴 것일까
집념은 바위를 눌렀다
악으로 버텨 온 저 바위의 얼굴이
어떻게 저토록 아름다운가
오래 버티는 것들은 다 아름답다
내가 악으로 버티며
버티며 걸어온
저 험하고 비탈진 길을 보라
나는 숨져 눕고 싶기를
애써 외면했지만
길에 놓인
내 발자취는 아름답게 꿈틀거리고 있잖은가
악이
이렇게도 아름다움이 될 수 있다는 걸
저 길은 행동으로 가르쳐주잖은가
멈추지 말자
여기서 멈추지 말자

노가리

을지로 3가 노가리 골목이 인파로 출렁거린다
새끼라서 아무짝에도 쓸모없다고들 할 때
허무맹랑한 거짓말처럼
말의 씨앗을 여기저기 흩뿌리며
무언가가 될 수 있다고
잔챙이의 반란을 보여 주고 싶었던 게다
햇살 한 줌을 훔쳐 풍장으로 형을 받고
으스러지도록 얻어맞아
숨이 죽던 날
삶의 형태를 바꾸면 간 큰 유혹이 될 수 있음을
고추장 붉은 사랑을 듬뿍 받을 수 있음을
뼈가 다 추려지고 나서야 알았던 게다
말하고 싶은 사람아
왁자지껄 노가리를 씹어라
조목조목 찢어발겨 씹고 또 씹어라
허무맹랑한 거짓말처럼
그대 입 안에서 꽃은 피어
작고 보잘 것 없는 노가리의 속살
쫄깃쫄깃 맛 볼 수 있을 터이니

바다의 화선지

출렁이는 가슴을 잠시도 멈출 수가 없다
품어주던
대지의 가슴은 얼마나 따스하고 아늑했던가
어차피 탄생은 아파야만 하는 것
울음이 원천이지
대지의 품을 떠나던 그날부터
단 한 번도 그쳐 보지 못한 울음이여
운다는 건 자신을 정화시키는 것
흐르며 흐르며
울어야 했던 일들로
이제 와
짜디 짠 눈물의 화선지에
그리고 싶은 파랑파랑한 은빛날개
그리다
그리다
쓰러져 누워도
멈출 수가 없지
멈출 수는 없지

분갈이

봄이 오니
여기저기 골목에서
화분을 내놓고 분길이를 하고 있다
소롯이 영양분을 다 빼앗겨
거칠어진 저 텃밭에
영양분이 풍부한 새 토양으로
수혈을 해주고 있다
사람아
우리 마음의 텃밭도 이와 같거늘
이 따사로운 계절에
우리 마음의 텃밭에도
분갈이를 해보면 어떻겠는가
영양가 풍부한
문학이든 음악이든 예술이든
그 어떤 장르든
그대가 좋아하는
사랑 듬뿍한 토양으로
우리 같이 수혈을 해보면 어떻겠는가

달

그대를 지우는 건 어둠이 아니다
저 밝은 함성
누누이 가로채 가도 모르던
그대의 붉은 눈망울을
이제는 밝히라고
그대 앞길
꽃보다 붉어서 터진다
세상의 모든 잡념은
아아. 황홀해서 잊혀져도 좋으리
물 켕기듯 그대는 오고
목마름에 나는 그대를 들이킨다
그래, 나는 희망이 보란 듯이 밝아서
이제는 그 어떤 길도
꽃길처럼 헤쳐가라라
그대가 오면
꽃봉오리인 듯 그대가 오면

목련꽃이 부르면

주저하지 않으리
나도 같이 덩달아
가슴 속 묵혀 둔 이야기 다발을
한 겹 한 겹 벗겨내리
벗겨서내리
한 이레면 족하리라
속속들이 들춰내기에는
나는 굳이 눈을 감지 않으리
아. 그대는 눈부신 사랑
나는 그대로 취해
흥얼거려도 좋기만 할 것을
그러나
붙들지 않으리
바람이 불면 어찌 할까나
이 통증을
어떻게 견디어내야만 할까나

목련화야

처음엔 나비였을 터
분명
날지 못하는 데 대한 울분을 토해내는 것이리라
너에게도 수천수만 길 가야할 사연 있기에
더욱 빛을 발해 펼치는 것일 것을
아. 사연은 이토록 시리도록 애처로워
퍼덕이다
퍼덕이다 떨어져 죽는
저 가냘픈 운명을
목련화야
어찌 너만 그러하겠느냐
우리도 가야할 길
수천수만 길이라서
날마다 날갯죽지를 펴고 또 펴고 하는 것을

돌담

어그러질 듯
어그러질 듯해도
어림없다
아무리 바람 불어봐라
그러면
그럴수록 더더욱 꼭 껴안고
저 돌담
서로를 믿고 의지하노니
사람들만큼 어리석은 게 또 있을까
입김만 불어도 어그러져 허물어져버리니
이 어찌 하찮은 믿음 앞에
쌓고 또 쌓겠는가
돌담은 허물어져도 또 쌓을 수 있지만
사람아
우리는 한 번 허물어지면 다시는
쌓을 수 없음에
믿음이 믿음으로서
어그러지지 않도록
서로를 더 이해하고
포근하게 안아주어야만 할 것을

산수유 꽃 내리거든

우리 손에 손 잡고 얼른 가자
만백성이 왕인 양
모두가 왕관을 쓰고
서로는 서로를 떠받치며
서로에게 그늘을 끼칠까 정다운 배려
단 한 입의 험담도 없이
한 아름의 미소를
담장 너머 이웃에 사랑으로 보내는
저 너그러움을
우리는 본받아야만 하리
호롱불 심지 돋아
정성으로 올리는 저 기도의 의미
평화다
희망이 모이면 누구 하나
얼굴 찌푸릴 게 없는
진정한 평등이다

운현궁 봄밭에서

시든 역사의 마당에도 봄빛은 찾아와
매화꽃 향기에 낮이 가렵다
권세의 도도함이
저 대나무를 키웠을까
우둑우둑 대나무의 눈길이 담장을 넘는데
대청마루 아래
부서진 권세의 조각들이 햇살에 꿈틀거린다
누구나 욕망은 봄꽃처럼 부풀지만
발밑에 밟히는 화강토의 신음처럼
단연코 오래 가지 못하고
아작나고야 마는 것을
부려도 부려도 끝이 없는 것이
낯부끄러운 줄도 모르고
발그레 얼굴 붉히며
운현궁 봄밭의 한낮을 데우는데
서로가 권세를 잡겠다고
선거판에선
꽃인 듯이 꽃인 듯이
꺾고
꺾이고 있다

커피를 낚다

침묵으로 너를 마신다
더 이상의 언어는
거품에 지나지 않을 듯
뜨거운 커피여
너는 한 잔의 사랑이 되어라
나는 꽃잎에도 빼앗기기 아까워
눈길을 돌릴 수가 없다
늦은 오후의 창가엔
그대의 입김처럼 노을이 스미고
날개를 펴는
저 꽃잎들의 합창을 우리는 듣노라
사랑이여 커피여
너에게 묻노니
우리가 이대로 화석이 되어도 좋으노
어쩌면 이것이 운명일지라도
우리는 쓰디 쓴
사랑의 고통까지 마셔야 하리
이 한 잔의 커피가
우리의 심장을 식힐 때까지는

여의도 벚꽃구경

우리 그냥
여의도에 벚꽃구경이나 가자
저들의 말씀
소음이 된지 오래
우리는 귀를 닫고
눈으로만
벚꽃이나 배터지게 먹고 오자
입발림 말씀보다
얼마나 진솔하게
저 벚꽃
하얀 말씀을 뿜어내는가
우리 그냥
아무렇게나마 여의도에 가서
벚꽃의 말씀에 귀 기울여
떨어져도 떨어져도
순결을 잃지 않는 저 잔잔한 말씀에
귀를 빼앗겨버리고 오자

진달래 눈길

이렇게 가벼운 미소만으로도
산천을 깔깔깔 웃게 만드는데

북한산 옛성길이 부지런을 떤다
화강토 맑은 길 옆에
진달래는 피어
마주치는 눈길에 불은 붙는다
우리는
언제 적에
약속 하나 부려놓고
바알갛게 바알갛게
눈이 익어 갔을 것이다

이제는 참다운 입을 열어야 할 때
빠알간 거짓말처럼이라도
함초롬히 눈길을 열어주어야만 할 때

홍탁집에서

한 잔의 막걸리 속에는
퍼내도 또 퍼내도
마르지 않는 우리들의 이야기랑
들려주고 들어주는
벗들의 가슴이 바다보다 깊다
을지로 4가 옴팍한 홍탁집
촐촐한 가슴들이 모여
늦은 오후의 허기를 달랜다
인생은 아무리 배불리 먹어도 허기가 지는 것
질근질근 밟아서 우주를 눌러 채운
숨 가쁜 누룩의 한숨이 허리띠를 풀어놓아
모두는 바다로 출렁이고
거나하게 술잔이 춤을 추면
벗이여
그대라서 세상은 아름답노라고
우리는 한바탕
코맹맹이 소리로 서로의 근심을
횅하니 풀어낸다
코가 찡하도록

꽃의 고백

참 수줍은 일이었지
입을 연다는 건
사랑이라는 그 말 한 마디
입술 부르트도록 애타는 것이어서
어떻게 끄집어내야 할지
오래도록 고민하고 고민해야만 했지
그런데 묘한 건
그 어렵던 것이 말문이 터지기 시작하자
아무런 거리낌도 없이
술술
어떻게 그리 잘도 나오든지
무슨 말을 했는지도 몰라
수줍다는 건 내숭이었나봐
가슴이 뜨거워서 막 벗어 재꼈지
사랑이란 그런 건가봐
이제는 감추려 해야 감출 수 없는
이 황홀한 행동을
이름하여 꽃이라 부르나봐

바다를 훔치고 싶다

용케도 살아남은
일요일
무장을 해제하고
나는 바다로 달려가고 싶다
소금물 같이 짜디 짠 일상을
배추처럼 저리고
나 바다로 달려가고 싶다
출렁이는 내 안의
모든 감각기능을 모조리 묶어놓고
나 바다로 달려가고 싶다
그대는 노래처럼 오라
우리는 이렇게도 작아서 흔들리니
사랑은 늘
그렇게 아픈가
바다로 가고 싶은 날은
미치도록 그대를 훔치고 싶다
눈 시리도록
내 안에서 출렁이는 그대여
제발 그대는
바다가 되지는 말아다오
나 혼자 출렁이는 것만으로도
바다는 벅차서 울고 있나니
나의 바다여

부릴 수 없는 작은 슬픔까지
믿음의 파도로
저 높이 솟은 절벽을 무너뜨리고
바다여
바다여
그대 허전한 날이면
바닷가라도 오라
우리가 하나 될 수 있는
이 순간을
그대는 눈을 감고 들어라
사랑은 이렇게도 웅장한 것
우리가 지휘하는
오케스트라
작열하는 햇살에
일어서고 일어서고
무딘 감각도 전율로 몸서리치는
아,
그대가 바다인 것을
나는
그런 바다를 훔치고 싶다

'격에 맞다'는 것

소뼈 푹 고아
걸쭉한 손반죽을 제대로 익혀
얇디얇게 썰어낸 저 면발과
할머니 손맛이 이뤄낸 것이겠지만
아무리 봐도
네가 한 맛 더 나는 것은 골목집이라서 그렇다
깊숙이 들어서는
가슴이라서 한 맛 더 당기는 것이다
제 멋에 겨워서 날뛰는 사람아
모든 건 다
제 격이 있는 것이다
내가 아니면 안 된다는 욕심만으로
그대의 격을 격상시키려 하지 마라
그로 인해 불행은
제 격에 맞춰 살고 있는 선량한 사람들의 몫이니
골목이라도 좋다
딱 맞는 제 격이라면
여의도 그 넓은 궁전 그 이상이어도 좋다

작품해설

자신만의 산하(山河)에서 시심(詩心)을
찾아 떠나는 시인 김 종 웅

– 우 병 택(문학평론가)

◆ 작품해설

자신만의 산하(山河)에서 시심(詩心)을 찾아 떠나는 시인 김종웅

– 우 병 택(문학평론가)

"시 감상(監嘗)을 좋아하기는 하는데 정작 어떤 시인의 시를 읽으면 좋겠느냐?"

읽기 좋은 시를 추천해 달라는 부탁을 받을 때가 종종 있다. 이런 경우에는 주저 없이 소월, 미당, 청마의 시를 권하곤 한다. 그렇지만 그들은 좀 더 일상의 삶에서 공감할 수 있는 읽기 쉬운 시를 원한다. 그래서 공광규, 문태준, 함민복 시인의 시를 권한다. 그리고 고맙다는 인사를 듣는 때가 많다.

쉽게 읽히는 시. 물론 시인이라면 많은 독자가 자신의 시를 읽어 주기를 원한다. 초. 중. 고등학교 검인정 교과서에 실린 수많은 시들이 대부분은 낭송하기에 알맞은 가락과 누구나 쉽게 공감할 수 있는 언어로 이루어져 있다는 것이 이를 잘 반영하고 있다. 그래서 시인되기를 희망하는 다수의 습작과정에 있는 시인들도 '쉬운 시'를 쓰려고 애를 쓴다.

이런 맥락에서라면 이제 등단 10년을 넘기고 드디어 1집 『시, 요리하다』를 2쇄까지 내고 단숨에 2집 『시, 소리하다』를 선보이는 김종웅 시인의 시가 어떤 매력이 있는 것임에 틀림이 없겠다. 어쩌면 당연한 귀결일 수 있겠지만 김 시인의 시집에 담긴 시는 습작 단계에 있는 시인들은 물론이고 이미 정상에 서 있는 시인들도 주목하는데는 그 충분한 이유가 있을 것이기 때문이다.

김 시인의 1집 『시. 요리하다』를 대하다 보면 그가 우리 山河에 널린 소재를 주로 다루고 있다는 것을 알 수 있다. 그래서 산, 강, 바다, 나무, 그리고 새나 꽃은 물론이고 나비, 해, 달 ,별, 눈, 비에 이르기까지 다양한 소재들이 등장한다.

2집 『시, 소리하다』에서도 이런 틀을 벗어나진 않았다. 1집에서는 요리하듯 시를 맛깔나게 써냈다면 2집에서도 우리 山河에 널린 소재를 노래하면서도 가슴 속에 담긴 이야기를 토해내고자 했다는 것이 1집과 다른 점이라고 하겠다. 이는 또 다른, 김시인 특유의 '시 쓰기'라고 하겠다.

읊는다
물 따라
물소리 따라

읊는다
바람 따라
바람소리 따라

읊는다
세상 따라
세상소리 따라

몸을 섞어 사랑하면

목청을 높이지 않아도
읊어서, 읊어서 시가 되는 저것들
<시, 소리하다> 전문

시를 물 따라 / 물소리 따라 / 바람 따라 / 바람소리 따라 / 세상 따라 / 세상소리 따라 / 읊어서 시로 만들어 낸다는 것이다. 이런 시작법을 가슴에 품었다면 시가 어려울 이유는 없다. 반드시 무슨 시작법에 따른다든지, 아니면 명시를 모방할 필요도 없다. 굳이 없는 돈 들여 먼 타국의 낯선 산하(山河)를 떠돌 필요도, 머릿속에 쉬이 떠오르지 않는 시어를 책상머리에 앉아 끙끙대며 짜내듯이 쓸 필요는 더더욱 없는 것이다. 이래서 김 시인의 시에 공감하고 '다음은 어떤 시가 나올까?'하고 기대하게 하는 것이다.

그렇다고 시인이 그저 물, 바람, 세상을 별 의미 없이 노래만 하지 않았다.

종로 육가 골목길 안
닭 한 마리
양푼 속에 벌러덩 드러누워 묵상(默想) 중이다
퍼덕이던 날들을
종알대며
하나하나 들춰내나 보다
우리의 침묵은 길어지고
점점 더

세차게 쪼알댄다
아무래도
어지럽던 세상을 정리하나 보다
하. 수상한 세상을
우리는
멀뚱멀뚱 쳐다만 보고 있는데
저 닭 한 마리
분명 꼬집고 있는 게다
홰를 치며
잠든 세상을 깨우고 싶은 게다
기껏해야 우리는
술잔이나 부딪치며 불평만 늘어놓고 있는데

-「홰치는 닭 한 마리」 전문

얼핏 이 시를 대하다보면 '양푼 속에 벌러덩 드러누워 묵상하는 닭 한 마리'에서 미소를 머금으며 읽기 시작했을 수도 있다. 그러나 조금만 더 읽다보면 쉽게 늘여놓는 그의 시어들 속에서 짙은 페이소스를 느끼게 된다.

저 닭 한 마리
분명 꼬집고 있는 게다

라고 했다. 이 풍진(風塵) 세상을 꼬집고 있는 닭보다 못한 우리네는

기껏해야 우리는
술잔이나 부딪치며 불평만 늘어놓고 있는데

라며 시인은 절망한다.

그저 물 따라 물소리 따라, 바람 따라 바람소리 따라, 세상 따라 세상소리 따라 읊어서 시로 만들어 낸다는 그

의 시 곳곳에서 우리가 공감하는 요소는 이렇게 존재하고 있다. 시인도 한 나라의 백성이기에 세상살이를 결코 외면할 수만은 없었던 것이다.

저 고통을 누가 알랴
오로지 희망만이
무지막지한 파지더미를 밀고 가는
손수레도 알아서 길을 여는데
기득 기득 노래하는 자여.
그대는 꿈만 얘기하고 있구나
이 세상 험난한 것이 서로의 탓이라고
주먹만 쥐락펴락하며
이렇게 오묘한 것이 삶이가 아니냐고
언성만 높이는
그대는
잠시 취했다 가면 그뿐
저 파지의 무게를 알기나 할까나
이 침묵이
그대를 파고들기엔
너무나 가벼워
바람만이 흔들고 간다
누구라서 이 책임을 맡으랴
아아. 짧은 다리가 후들거린다
보라. 그러나
우리 삶의 바퀴가 삐그덕거리긴 해도
얼마나 질기게 굴러가는가를

-「삶의 바퀴」 전문

이 시를 읽다가 문득 이른 생각이 들었다. / 기득기득 노래하는 자여/에서 '기득기득'을 한자로 바꿔 보면 어떨

까? '이미 얻을 것 다 얻은 있는 자'를 우리는 '旣得權者'라고 한다. 대다수의 가지지 못한 이들에게는 '선망의 대상'이자 '부당한 부의 축재자'이기도 한 그들의 치부를 은근 슬쩍 건드려 보고자 한 것이다. 김 시인의 시에 자주 등장하는 '파지 줍는 노인'은 우리 주변에서 흔히 볼 수 있는 우리의 이웃이요. 어쩌면 내 부모님, 혹은 내 노년의 모습'이기도 하다. 그래서 시를 감상하면서 시 속에 빠져드는 것이 아닐지. / 무지막지한 파지더미를 밀고 가는 / 이들이 바라보는 '우리'라는 인물들 말이다.

> 우리 삶의 바퀴가 삐그덕거리긴 해도
> 얼마나 질기게 굴러가는가를

이 구절을 보면 시인이 이 상황에서 '절망만 하고 있지는 않다는'데서 희망이 엿보인다. 그래서 시인 김종웅인 것이다. 그 자신도 힘든 일과 속에서 하루하루를 힘겹게 산다. 그렇지만 그는 시인이기에 오직 시만 생각하며 산다. 그런 이유에서인지 그의 시에 '외롭다'거나 '고달프다'는 단어가 적다. 기실 그 자신의 내면에는 외로워서, 혹은 고달파서 죽을 만큼 힘이 들겠지만 정작 그런 내색은 죽기보다 싫다는 오기가 깔려 있다. 그래서 오늘도 어느 산야(山野)에서 주저앉아 시를 쓰거나 혹은 인사동 어느 으슥한 술집에서 문우들과 한잔 막걸리를 앞에 하고 시가 아닌 세상사를 얘기하고 있을지도 모른다.

> 눈 위에
> 내 발자국을 찍으면

걸어온 내가 보인다
깊이 각인된 삶의 이력을
꾹꾹 눌러 쓴 저 일기
자꾸만 옆으로 빗나가려면
엄지발가락은 힘을 더 들여 찍었지
바르게 바르게 가자고
그렇게 종용(慫慂)해도
옆길의 유혹에 빠져
길에서 보면 보이지 않던
내 의지도
이처럼 작고 작았는가
저 조그만 발길이
여기까지 오느라 얼마나 버둥거렸는가?
하얀 약속으로 꾹꾹 눌러 찍어보는
내 앞날의 삶은
버거워도
보폭을 줄이고 바르게 걸어라 한다

-「눈 위를 걷다」 전문

시 쓰기를 업(業)으로 삼고 사는 대한민국의 시인들은 대개가 찢어지게 생활이 가난하다. 어쩌면 그들은 그것이 숙명이라고 받아들이는 편이 차라리 마음 편하기까지 할 터다. 그래야 바른 시가 되고, 그렇게 살아야 온갖 유혹에 곁눈질 하지 않을 테니까. 김 시인은 평생을 이런 마음으로 시를 써온 것이다. 시를 써는 것이 자신의 생명줄을 연장한다는 각오로 시를 쓴다. 비록 보폭을 줄일망정 정도(正道)를 걷겠다고 다짐하면서 / 꾹꾹 눌러 찍어 / 시를 쓰는 것이다.

묵은 빚 독촉을 받는 듯
종종발걸음
순진한 마음도
이 정도에선 어쩔 수가 없네
춥다
송곳바람에 맡겨야 하는
하루치의 내 몫이
동동 발을 구른다
어디든 문을 열고 들어서야만 하는
이 절박함
내동댕이칠 수 없는
추위보다 더 혹독한
삶이라는 한파를 감싸 안고
할머니 한 분
송탄 중앙시장 한 켠 노점에서
담요 한 장 무릎에 얹어 눈만 내놓은 채
야채 나부랭이를
한파랑 팔고 있다
그래도 찾아갈 집이 있는 나는
한파를 밀고라도 가는데

-「한파, 밀다」전문

김 시인의 시를 통틀어 보아도 '안락함, 풍요로움, 넘침, 환희' 따위는 등장하지 않는다. 그러면서도 시가 '무미건조하다. 재미가 없다. 해학이 없다'라고 말하는 이 또한 없다. 비록 지친 삶의 전장에서 돌아오는 길일지라도 소외된, 외로운, 어려운 등의 시린 이웃을 곧잘 그려내고 있다. 그리고 휑하니 곁눈질하며 지나가는 것이 아니라 따스한 눈길로 어루만져 준다. 그리고 속으로 뇐다. '한파라도 밀고 갈 집이 있'노라고.

시인의 이런 자세를 높이 산, 자칭 장사꾼은 열댓 권의 시집을 사서 지인들한테 돌렸다며 그 이유를 이렇게 말했다.

"나는 매일 아침, 어김없이 배달되는 김 시인의 시를 읽고 돈으로 얼룩진 내 마음을 아침마다 씻는다오."

그의 시를 읽고 자칭 장사꾼처럼 마음을 정화(淨化)한다는 지인이 수백에 이른다니 '김 시인이 부럽다'는 문인이 의외로 많다는 사실에 새삼 참 좋은 세상이구나 하는 마음이 든다.

아산 영인산 산행을 하고 내려와
온천을 한다
달랑 달랑
오.
이렇게 훌륭한 누드영화를 본 적이 있는가?
저 살아있는 잠언을
아무런 거리낌도 없이
종을 치며
순교의 예인 양
스스로 아담이 되는 양들에게서
태초의
사랑의 비법을 배운다
아무 것도 감추지 마라
오늘은
우리가 순수의 빛깔로 젖어서 갈 때
단 한 번만이라도
내려놓을 수 있는 절호의 기회가 아닌가
살아서 움직이는

이 영혼의 우물에 무엇을 더 그려 넣겠는가
우리가 보여주는
이 영화가
절찬리 상영 중인데

-「절찬리 상영 중」 전문

김 시인의 시 중에서 드물게 웃음을 유발하는 시 한 편이 눈에 띄었다. 근처에 온천이 있는 산을 오른 뒤라면 당연히 온천욕을 할 것이다. 그런데 "달랑 달랑 / 오, / 이렇게 훌륭한 누드영화를 본 적이 있는가"라고 한 것이다. 여기서 웬만하면 '!'하나쯤 나와야 될 터인데 그 기대한 곳에 겨우 '.'로 종지부를 찍었다는 것이다. 아, 김 시인도 어느덧 육 갑(甲)을 넘겼다는 생물학적 나이가 퍼뜩 머리를 스쳤다. 순간 갑자(甲子)인 내 입맛이 썼다. 그렇게 해 놓고 '스스로 아담'이 되라니.

이화마을에
햇살 같이 하루가 진다
아름답던 추억을 걸고
모두는 한 때의 시절로 물들고
저 발걸음 동동
나는 아주 잊혀 진 채로
골목골목을 구르다
돌아가면 결국 내가 살던 곳
돌아가면 결국 내가 놀던 곳
아이들 목소리도 말라
야위어진 담벼락을 타고
지친 듯 햇살은 눕는데
나그네가 따로 있는가

이미 떠나왔는데
그림자만 덩그러니 무겁게 드리워
발목을 잡는다
이제는 돌아가도 이미 늦어버린 저녁 때
밥 짓는 연기도 사라진
저 어스름을
애써 노을이라고 우기며
우기며

-「저물어지면 어디든 그립다」전문

이 시에서 마침내 '그립다'는 시어가 등장했다. 이 시에 시론을 덧붙여 포장을 한껏 했다가 전면 보수를 했다. 김 시인의 시에 고품격 색깔로 치장을 한다는 것이 어쩐지 '독자들께 누를 끼치는 행위가 아닐까?'라는 생각이 들었기 때문이다. 아침에 눈을 뜨면서 읽게 되는 퍼들퍼들 살아 있는 시를 기대하는 많은 독자들께 MSG를 잔뜩 친 꼴이 되는 격일 것이란 사실을 잠깐 잊었기 때문이다.

그렇더라도 이 시는 목월의 명시 「나그네」의 정서와 많이 닮았다. 물론 시간적 배경과 시적화자를 제외하고 보면 닮은 듯, 닮지 않은 듯하다.

공간적 배경은 강나루 밀밭이 아닌 배꽃이 흐드러진 마을로 다르다. 시간적 배경은 노을 지는 저녁나절로 같다. 그렇지만 시적화자인 나그네의 행위는 많이 다르다. 목월의 시적화자인 나그네는 구름에 달 가듯이 행운유수하는 공허로움이 있지만 김종웅의 나그네는 '골목길'과 '담벼락'에서 추억을 회억(回憶)하고 있다.

슬픈 역사를 쓰다 보면 캄캄해서 어둡다가도

용기를 내어
기쁜 역사를 쓰야겠다 하고 일어서면
밝아서 밝아서 오는
그대는 어머니

-「달에게」 앞부분

이 시에서 등장하는 '어머니'를 그려봤다. 시인의 어머니는 바로 이런 격을 갖추신 분이었다는 것을 알 수 있다. 그 어머니를 통해서 시인이 좌절하지 않고 일어설 수 있는 힘의 원천이 됐다는 것은 두말 할 나위가 없는 것이다.

어두워 보지 않고
어찌 밝음만을 추구하겠는가
가득 채웠다고 쾅.
낙관을 찍어놓고 넘치지 않으려고
다시 비어서 채우는 저 여유를
배우라고
배우라고 달은 부드럽게 제 입술을 태운다

-「달에게」 뒷부분

김 시인의 이력에 달긴 상흔을 알아가다 보면 곧잘 그 옹이로 하여 '참, 아프겠다.' 라는 생각을 하게 된다. 그러나 그를 만나면 오히려 우울한 나를 즐겁게 하는 힘이 있다. 그 힘의 원천이 바로 '어머니'였다는 것은 두말 할 나위가 없겠다.

햇살 한 줌을 훔쳐 풍장으로 형을 받고
으스러지도록 얻어맞아
숨이 죽던 날

삶의 형태를 바꾸면 간 큰 유혹이 될 수 있음을
고추장 붉은 사랑을 듬뿍 받을 수 있음을
뼈가 다 추려지고 나서야 알았던 게다

-「노가리」 부분

'김 시인은 노가리를 안주 삼아 씹으며 어떤 시를 쓰고 싶을까?' 함께 노가리를 씹으며 우수에 젖은 듯한 그의 시선을 따라, 같은 노가리를 씹으며 왁자지껄 거리는 군상들을 봤다. 그리고 이 시가 만들어졌다. 시인이 이 거리의 이 골목이 좋아서 한 주일에 두어 번 지인 서넛과 곧잘 찾는다는 사실을 알았다. 홍탁집에서 막걸리를 걸치고 무리지어 나오면 청계천이다. 청계천변을 느릿느릿 걸어서 올라 노가리를 안주 삼아 맥주 한 컵을 하는 곳이 있다. 이 시에 '풍장 형벌'이 나오고 '잔챙이의 반란'이 등장한다. 그러나 결국 시인이 말하고 싶은 것은 다음에 잘 나타난다.

삶의 형태를 바꾸면 간 큰 유혹이 될 수 있음을
고추장 붉은 사랑을 듬뿍 받을 수 있음을
뼈가 다 추려지고 나서야 알았던 게다

-「노가리」 부분

결국 이 시에서 말하고픈 것은 자신의 독백이다. 시인이 살아온 삶의 여정이 결코 만만하지 않았다고 말하고 싶었던 게다. 그 고난과 고통을 다 겪고서야 이제 산다는 참맛이 무엇이라는 것을 깨달았다는 것일 게다. 김종웅의 시집2도 이렇게 해서 탄생된 것이다.

이제 긴 겨울도 지나고 약동하는 봄이 왔다. 지금도 대한민국의 어느 산하(山河)에서 또 어떤 골목에서 또 다른 형태의 시를 쓰고 있을 시인에게 갈채를 보낸다. 기죽지 말고 늠름하게 사랑하는 시로만 정진하기 바란다.

국립중앙도서관 출판예정도서목록(CIP)

국립중앙도서관 출판예정도서목록(CIP)
시, 소리하다 / 지은이: 김종웅. — 서울 : 문학공원, 2016
ISBN 978-89-6577-180-7 03810 : ₩10000
한국 현대시[韓國現代詩]
811.7-KDC6
895.715-DDC23 CIP2016013926

김종웅 시집
시, 소리하다

초판인쇄일 2016년 6월 10일
초판발행일 2016년 6월 15일

지은이 : 김종웅
발행인 : 김순진
편집장 : 전하라
디자인 : 김초롱
펴낸곳 : 문학공원
등 록 : 2004년 3월 9일 제6-706호
주 소 : 우편번호 03382 서울 은평구 통일로 633
녹번오피스텔 501호 스토리문학사
전 화 : 02-2234-1666
팩 스 : 02-2236-1666
홈페이지 : http://cafe.daum.net/yob51
이메일 : 4615562@hanmail.net

※ 책값은 뒤표지에 있습니다.